M. DE QUÉLEN

ET

LE GOUVERNEMENT.

IMPRIMERIE DE PIHAN DELAFOREST (Morinval),
RUE DES BONS-ENFANS, N°. 34.

M. DE QUÉLEN

ET

LE GOUVERNEMENT.

PAR UN ANCIEN ORATORIEN.

PARIS.

DELAUNAY, LIBRAIRE, PALAIS-ROYAL,
PÉRISTYLE VALOIS.

1831.

M. DE QUÉLEN

ET

LE GOUVERNEMENT.

Certains journaux ont publié que dans le dernier consistoire tenu à Rome, par le pape Grégoire XVI, M. l'archevêque de Paris était désigné, *in petto*, comme membre du sacré collége.

Le souverain pontife, qui semble peu disposé à accorder à la France les évêques qu'elle demande, et qui lui sont nécessaires, penserait-il, en effet, à lui donner des cardinaux dont elle ne veut pas, et dont elle vient de retrancher de son budget le traitement, jugé depuis long-temps une superfétation parasite, onéreuse à l'État, autant que contraire aux institutions évangéliques? Les secrètes nominations faites par le pape, à l'exception de deux, sont encore un mystère pour l'Europe : par quels avis particuliers seraient-elles parvenues à la connaissance de ceux qui les proclament? Les amis de *l'évêque-martyr* se sont empressés d'anticiper sur le décret de canonisation qu'ils lui promettent, pour lui décerner à l'avance les honneurs de la pourpre. Serait-ce de leur part une tactique concertée dans le dessein de préparer l'opinion en faveur de leur élu? Ne serait-elle pas aussi peut-être, de la part de ses ennemis, une manœuvre dont l'objet serait de le mettre de plus en plus en opposition avec l'esprit public, déjà si ouvertement manifesté contre lui?

Quoi qu'il en soit, la nouvelle de sa promotion, tout incertaine qu'elle est, n'a pas laissé de produire une vive sensation. Si elle a flatté quelques espérances, elle a éveillé les inquiétudes de ceux qui préfèrent l'honneur et la tranquillité de l'État aux intérêts d'un individu. M. de Quélen, étant devenu, depuis quelque temps, l'objet d'une curiosité qui, déjà, avait divisé les opinions sur sa personne, l'esprit de parti s'est prononcé à ce sujet en conséquence des impressions auxquelles on avait pu se livrer avec plus de passion que de connaissance de cause. La dignité de cardinal étant la plus haute faveur dont le Siége apostolique puisse gratifier à-la-fois et le sujet qui la reçoit et le gouvernement qui la sanctionne, on a dû conclure que, si le fait est vrai, le pape a voulu récompenser les services de M. de Quélen et les persécutions qu'il aurait subies; qu'il absout et consacre toute sa conduite; que le gouvernement qui, depuis six mois, ne cesse de lui demander sa démission, s'est lui-même déclaré en tête de ses persécuteurs; d'où il résulterait que la promotion de l'archevêque à la pourpre romaine est un acte d'hostilité contre la France. Telle est l'alternative dans laquelle on s'est partagé plus que jamais. D'un côté l'on a vu dans M. de Quélen un évêque digne des premiers siècles, pieux autant que zélé, uniquement occupé de bonnes œuvres, l'apôtre de la foi chrétienne, le courageux athlète de sa discipline, à qui l'on pardonnait de se tenir soigneusement caché dans les momens d'orage, sans doute pour la mieux défendre, du reste résigné, à l'en croire, à en être le martyr, quand il le faudrait. On a ajouté à cet éloge que ses mœurs étaient chastes, irréprochables, quoi qu'en aient pu dire certaines révélations qui ont mis au grand jour une correspondance plus que galante. D'autre part, en réunissant les actes divers de son administration, on s'est cru fondé à n'y voir que le jeu de l'intrigue, une perpétuelle contradiction, le pharisaïsme de l'orgueil vindicatif et d'une ambition mal déguisée, pour arriver à la pourpre romaine, qu'il aurait enfin obtenue. Ceux-ci affectent de le prôner comme un nouveau Thomas de Cantorbéry ; ceux-là l'ont signalé dès long-temps à l'attention publique comme un autre cardinal de Retz, au-dessous de son modèle, dont il n'a ni les vices, ni les vertus, et auquel pouvait s'appliquer le mot de Mme. de Sévigné, parlant du fameux coadjuteur : *Pas assez bon pour un citoyen, pas assez méchant pour être un Catilina.*

Les faits sommairement indiqués mettront ici le lecteur à même de déterminer un jugement.

A peine sorti du séminaire, à un âge où l'on ne se connaît pas encore soi-même, et où l'avenir se présente aux jeunes imaginations avec tous les prestiges de l'espérance, le jeune abbé de Quélen se trouva placé par les sulpiciens auprès du cardinal Fesch, nommé par Napoléon grand-aumônier de France. Il parut se dévouer à la cause de l'Empereur, et fut envoyé en mission dans les départemens de la Bretagne pour y acheter des suffrages en faveur de l'élection à l'Empire. La chute du trône impérial, en 1814, lui inspira de nouvelles affections; et il s'associa aux intrigues du faubourg Saint-Germain, déclaré pour les Bourbons, au point de s'être rendu formidable à Napoléon lui-même. L'église de Saint-Thomas-d'Aquin en était le centre; les dévotes du quartier en avaient fait l'arsenal de l'aristocratie et la pépinière de l'épiscopat; toutes les jeunes ambitions du clergé s'y étaient ralliées. Le roi Louis XVIII se devait aussi un grand aumônier. Le cardinal de Périgord, archevêque de Reims, que le monarque appelait son ami, son compagnon d'exil, fut appelé à cette charge, en remplacement du cardinal Fesch. Vieux, infirme, de tout temps incapable de se livrer à aucun travail, M. de Périgord se contenta des instrumens qui se rencontrèrent sous sa main, et les abbés de Quélen et Feutrier continuèrent d'administrer la grande aumônerie et le service de toutes les chapelles dépendantes de cette juridiction, qui ne reconnaissait point en France d'autorité supérieure à la sienne.

L'abbé de Quélen surtout était jaloux d'effacer, par quelque action d'éclat, l'impression de ses voyages dans la Vendée, et du rôle qu'il avait joué à la cour de l'homme que le pavillon Marsan ne connaissait que sous le nom de *l'usurpateur*. Un service célébré en l'honneur de M. de Laroche Jacquelin lui en fournit l'occasion. Il y prononça l'oraison funèbre du héros vendéen. Le discours eut peu de succès. Il essaya de s'en dédommager par une autre composition de même genre. L'éloge funèbre, ou plutôt le panégyrique de Louis XVI prononcé à Saint-Sulpice, au jour de son anniversaire, donna la mesure de son talent oratoire. Il n'avait de remarquable que la prolixité de l'ouvrage, l'inconvenance des détails, l'ardeur des déclamations contre la souveraineté du peuple, l'absence totale d'onction et de pathétique, dans un sujet si propre à leur développement; rien qu'une froide parodie des pages éloquentes de Bossuet, dans son cinquième Avertissement et son Oraison funèbre de la reine d'Angleterre. Le discours fut jugé dangereux par les imitations qu'il pouvait produire; et l'autorité réduisit à de simples prières le cérémonial permis au jour de la commémoration du *roi-martyr*.

Napoléon, par son décret du 10 février 1806,

avait ordonné que l'église de Saint-Denis, rendue au culte chrétien, demeurât consacrée à la sépulture des empereurs. Cette pensée, conçue par la politique, méritait d'être fécondée par la religion. Le grand homme dont elle était l'ouvrage, avait demandé que le service de l'église fût fait par dix évêques hors d'état de continuer l'exercice des fonctions épiscopales, et dotés chacun de dix mille francs. Sa véritable intention était de frapper d'interdit ceux des membres de l'épiscopat dont il était mécontent, de les *absorber*, comme il s'en expliquait lui-même, en les enchaînant à l'inaction de la vie canoniale. Ce dessein n'aboutissait qu'à ériger un chapitre noble, également incapable de fournir des évêques et des chanoines. Les anciens bénédictins, encore à cette époque au nombre de plus de cinquante, accouraient de toutes les parties de la France où la tempête révolutionnaire les avait dispersés. Ils proposaient au nouveau gouvernement de remplir cet office dont ils avaient été en possession durant tant de siècles. L'état y gagnait par-delà cinquante mille francs, sans compter l'exemple d'une édification journalière. C'était à des hommes morts au monde qu'appartenait le droit de veiller auprès des ombres royales. Nos pieux et savans cénobites ne demandaient pas d'autre récompense pour tant de services rendus aux lettres, à la religion, à la patrie. Ils la revendiquaient au nom du souverain pontife Pie VII, autrefois religieux bénédictin de Saint-Calixte à Rome, et la publique reconnaissance lui devait cet hommage.

M. de Quélen avait d'autres vues. Chargé de dresser le règlement décrété par l'empereur d'abord, puis par son successeur, il laissa subsister le chapitre hermaphrodite, auquel il ajouta vingt-quatre chanoines de second ordre, rétribués chacun trois mille francs, et des dignitaires avec le double du traitement; de plus, un bas-chœur de cathédrale, le décora de colliers et de priviléges, sanctionna sa complète nullité par une superfétation de chanoines honoraires. Cette bizarre organisation n'a jamais obtenu l'acquiescement de la cour de Rome : on s'en est passé.

Louis XVIII, ramené de son exil par les armées étrangères, avait la prétention de se croire en possession de la couronne du moment où elle lui était échue par la mort du dauphin, fils de Louis XVI. Oubliant tous les intermédiaires, il affectait de faire remonter jusqu'à cette époque le commencement de son règne. Pour cela, il fallait anéantir surtout la mémoire du concordat de 1801 passé entre son prédécesseur et le pape Pie VII, et l'acte de solennelle consécration que le pontife était venu conférer à l'empereur.

M. de Quélen imagina d'opposer à l'ancien concordat, son concordat de 1817, et n'a cessé jamais de le vanter comme son plus bel ouvrage. Repoussé par la clameur publique, il n'obtint pas même aux Chambres l'honneur d'y être discuté. Son auteur ne s'y était pas oublié lui-même : en nommant le cardinal de Périgord au siége archiépiscopal de Paris, il avait eu le soin de faire décréter par le Roi que lui l'abbé de Quélen , alors simple vicaire-général de la grande aumônerie , en serait le suffragant avec un titre d'évêque *in partibus.* Ce n'est pas tout : il fut stipulé que le suffragant succéderait de plein droit à l'archevêque. Il espérait bien le remplacer dans l'intégrité de ses attributions. Une pareille disposition violait manifestement tous les principes et toutes les bienséances (1). Rien n'était plus attentatoire aux maximes et aux usages de notre Église de France. Elle présentait au même siége deux évêques à-la-fois ; ce qui est contre l'esprit des canons, et anathématisé par les conciles. Elle arrêtait l'action de la prérogative royale pour la nomination au siége le plus

---

(1) On lit dans le XXIVe. vol. de la *Bibliothèque choisie des Pères grecs et latins* , par M. l'abbé Guillon , à la page 294, ces paroles remarquables , au sujet de l'ordination d'Agobard, nommé coadjuteur de Lyon ; Adon de Vienne , écrivain contemporain , après avoir rapporté ce fait , ajoute immédiatement : « que cette ordination » violait manifestement les saints canons , qui ne permet- » tent pas qu'il y ait deux évêques dans un même siége , ni » que du vivant de l'évêque on lui donne un successeur , » moins encore qu'il se choisisse lui-même. »

important de tous. S'y ingérer soi-même par sa propre nomination, était une nouveauté inouie dans les annales du monde chrétien, à moins de lui donner pour antécédent la sacrilége intrusion de Photius au siége de Constantinople. On le laissa faire;

Les partisans de Napoléon, et ils étaient en grand nombre à la cour du nouveau roi, n'étaient pas sans quelqu'intérêt dans cette intrigue. M. Decases, dont Louis XVIII avait fait son principal ministre, était mal vu au pavillon Marsan. Il se ménageait un parti pour le moment où la mort du prince valétudinaire appellerait à la couronne son légitime successeur dont il était fondé à redouter la vengeance. Il avait tout à espérer de l'influence d'un archevêque de Paris, et M. de Quélen lui devait sa fortune; aussi n'avait-il cessé jamais d'entretenir des intelligences avec la famille de l'ex-empereur. Le jeune sacerdoce triomphait de voir à sa tête un prélat dont la prodigieuse élévation encourageait ses ambitieuses espérances; le vieux clergé comprimé par l'habitude de la souffrance était muet.

Monté sur le trône épiscopal de Paris, l'abbé de Quélen n'avait encore que la moitié de la succession. L'orgueil s'irrite plus violemment de ce qui lui manque, qu'il ne jouit de ce qu'il a. Le prince de Croï, évêque de Strasbourg, fut nommé, par Louis XVIII, grand aumônier de France sans l'avoir demandé; cette préférence irrita le compétiteur qui résolut de ne point mettre de bornes à ses prétentions ni à ses vengeances. Cette place donnée à un autre était un bien qu'on lui dérobait. C'était lui qui l'avait exercée sous le nom de son devancier, et l'on savait avec quelle autorité. Le chapitre de Notre-Dame avait osé se permettre un acte de juridiction capitulaire dans une cause qui intéressait la grande aumônerie. Le cas était litigieux; l'abbé de Quélen, alors grand vicaire, avait préjugé la question contre le droit de l'Ordinaire, et sévèrement rappelé le chapitre à l'ordre.

La cendre du cardinal de Périgord était encore fumante : le nouvel archevêque s'empressa de publier un mandement par lequel il revendiquait la plénitude de la juridiction épiscopale dans tous les lieux et sur toutes les personnes du diocèse sans nulle exception. Frustré dans son espérance par la promotion de M. de Croï qui le réduisait à n'être qu'archevêque de Paris, il ne s'occupa plus que de disputer le terrain pied à pied. Ses premières hostilités se dirigèrent contre les aumôniers de la maison rue Barbette et de la chapelle expiatoire, auxquels il signifia de ne reconnaître de supérieur que lui, sous peine d'être interdits et excommuniés. Bientôt la menace s'étendit sur la chapelle des Tuileries, et la majesté royale elle-même ne fut pas à l'abri de ses agressions. La guerre éclata surtout le jour des obsèques de Louis XVIII. Le clergé de Paris et de la banlieue avait été convoqué;

l'archevêque défendit expressément que l'on s'y rendît. Enhardi par l'impunité, il osa, dans une autre circonstance, se présenter à la porte de l'église de Saint-Denis pour y remplir auprès des princes l'office du grand aumônier. « Vous ici, M. l'archevêque? lui dit fièrement la duchesse d'Angoulême; ce n'est pas là votre place.» Une autre fois Charles X lui-même refusa de recevoir l'eau bénite des mains de l'archevêque qui l'attendait à la porte de Sainte-Geneviève. Ces humiliations lui faisaient payer cher la victoire qu'il obtenait de la patience pusillanime de M. de Croï. Ce dernier, pacifique à l'excès, n'opposait à son audacieux rival que de stériles gémissemens, et se retranchait dans la prescription. Montrez vos titres, lui répondait M. de Quélen ; il savait bien que l'on n'en avait plus à produire. C'est un fait avéré, que, contraint de renoncer au titre de grand aumônier par la nomination de M. de Croï, M. de Quélen a enlevé des Tuileries tous les papiers, qui fondaient les droits de cette juridiction. Chartes, constitutions des papes, ordonnances des rois, tous les monumens historiques ont disparu. M. de Croï s'est contenté de s'en plaindre, et a réclamé vainement : l'auteur de cet écrit n'appréhende pas qu'on lui demande son témoignage qu'il ne refuserait pas à la vérité ; bien moins encore ne craint-il pas de dénoncer hautement cette spoliation comme un attentat à la propriété fait à la nation entière.

Ces dissensions entre deux évêques scandalisaient

la cour et pouvaient l'irriter contre le coupable. Pour faire tête à l'orage, l'archevêque affecta de donner à son administration toutes les apparences du zèle. Cette tactique avait si bien réussi au cardinal de Retz! Vous le voyez à chaque page de ses *Mémoires*, nous dire « comme il se soutenait par » son clergé, par ses sermons, par la faveur des » peuples; » l'abbé de Quélen l'imita. Les prêtres constitutionnels employés dans le service des paroisses furent destitués, sans que l'on s'embarrassât de pourvoir à leur existence, sans respect pour l'autorité du chef de l'Église qui les avait réconciliés. Le seul soupçon de jansénisme fut un titre d'exclusion. La congrégation sortie de ses ténèbres étala toutes ses doctrines; Saint-Sulpice remplaçait les jésuites. Le jeune sacerdoce, enflammé par les souvenirs de la révolution, fut lancé dans les chaires, dans les confessionnaux, dans les emplois les plus importans du saint ministère; et tandis que les vieux pasteurs achevaient de mourir au sein de la disgrâce et quelquefois de l'indigence, toutes les faveurs se prodiguaient à des imberbes sans étude, sans talens, à qui on laissait croire qu'ils étaient nécessaires à la régénération du trône et de l'autel.

L'œuvre la plus chère au cœur de l'archevêque, c'étaient ses missions. Les hommes graves avaient pressenti les résultats inévitables de ces brusques excandescences; les curés de la capitale, pour la plupart, en gémissaient. Le peu de succès qu'avait obtenu celle de Saint-Eustache avait éveillé les inquiétudes du gouvernement lui-même. L'archevêque était résolu à tout braver. Partout il fallut subir les missionnaires avec leurs harangues séditieuses, avec leurs ponts-neufs et leurs musiques théâtrales, avec leur éloquence de tréteaux, leurs pantomimes et leurs dévotions monacales du xiiie. siècle.

L'exemple de la capitale ne fut jamais sans influence sur les provinces ; M. l'archevêque l'avait bien calculé. Avait-il permis à ses sens de se laisser chatouiller par le titre de chef de parti si fort convoité par le cardinal de Retz ? Je n'en sais rien ; mais il l'était devenu : c'était à qui prendrait modèle sur lui. Pas un lévite enlevé d'hier à la charrue qui ne sé crût appelé à l'épiscopat ; il en avait si peu coûté à celui-là pour y parvenir ! Pas un évêque qui n'aspirât à lui ressembler, par la ferveur de sa dévotion, par le ton de ses lettres pastorales, par son goût pour les reliques et les pieuses confréries.

L'étude et le travail, la science ecclésiastique, jusque-là réputés nécessaires pour les fonctions du sacerdoce, en furent repoussés ; les cours publics de théologie déclarés suspects, et condamnés au silence ; la Sorbonne, où les maximes gallicanes avaient conservé encore leur ancien sanctuaire, la Sorbonne, envahie par un étranger travesti en grand vicaire de Paris (1), déshéritée de ses docteurs, de ses institutions, de son enseignement, de son église changée en salle d'Opéra, n'exista plus que dans l'espérance de recevoir bientôt les nouveaux hôtes qui lui étaient préparés, et de n'être plus qu'une succursale de Saint-Acheul ou de Mont-rouge.

Cependant tout ce pharisaïsme trouvait des dupes. Les douairières du faubourg Saint-Germain, les habitués de paroisses, les pieuses recluses de nos couvens, quelques femmes de la cour s'engouaient du jeune archevêque. Il s'était fait des créatures au sein même de l'Académie; il aspira à en être membre, à quel titre? fut reçu, et ne tarda pas à se brouiller avec elle.

Son ambition nourrissait l'espoir d'une autre distinction bien plus importante, et que peut-être il eût été dangereux de lui refuser, comme il le fit bien voir après qu'il l'eut obtenue. Nommé pair de France, il ne se fit remarquer qu'une seule fois dans cette chambre; ce fut à l'occasion du projet de finance du ministre Villèle, que la cour appuyait de tout son pouvoir. Un prêtre, un évêque n'était tenu ni de le combattre ni de le défendre; M. de Quélen leva le masque. Son discours, mêlé de philan-

---

(1) M. l'abbé Nicolle, venu d'Odessa depuis la restauration.

thropie et de républicanisme , de maximes évangéliques et de phrases copiées du *Contrat social,* décéla
le tribun pour qui la religion n'était qu'un instrument ; il produisit une vive impression, et lui donna
une haute réputation de popularité.

Sa résistance aux vues de la cour éclata non
moins ouvertement au sujet de l'établissement d'un
séminaire de hautes études ecclésiastiques proposé
par l'évêque d'Hermopolis. Ce projet ramenait la
Sorbonne , les grades , les cours et chaires de
théologie : que de sujets d'alarmes pour leur ennemi
déclaré ! L'archevêque mit tout en œuvre pour en
empêcher l'exécution. Une commission avait été
choisie parmi les cardinaux et évêques de France :
il s'opiniâtra à vouloir en être le président ; et
parce qu'il ne put réussir à l'être, il parvint à la faire
échouer. Ce fut dans une de ses séances qu'il lui
échappa de dire à propos des fonds nécessaires à
cet établissement : « le Roi n'a pas le droit de les
» sanctionner : le Roi n'a rien en propre ; tout ce
» qu'il a est à la nation. » On se souvient d'avoir lu
textuellement ces mêmes paroles dans un discours
du cardinal de Retz.

Quand il fallut conclure sans avoir rien com-
mencé , l'assemblée, mise hors de combat par les
éternelles tracasseries de l'archevêque , voulut
du moins marquer son passage par une profession
de doctrine pareille à la déclaration de 1682. C'était
une digue qu'elle cherchait à opposer à l'invasion

des doctrines ultramontaines : M. de Quélen trouva moyen de s'y refuser.

Le cardinal de Retz disait à Le Tellier, qui conférait avec lui de la part de la reine, qu'on l'avait mis dans une condition telle qu'il ne pouvait plus être que chef de parti ou cardinal.

Ayant réussi à se faire craindre à la cour, M. de Quélen voulut aller en personne à Rome y solliciter le prix de sa résistance à nos libertés gallicanes. Voilà tout le secret de ce voyage si diversement interprêté, et dont le terme avait été fixé à point nommé. Sa santé en fut le prétexte : si elle en eût été le motif, c'étaient des médecins que le malade devait emmener avec lui, non pas deux de ses grands vicaires. Au lieu du chapeau, il ne rapporta que des reliques des saints apôtres.

Les décrets rendus par Charles X contre les petits séminaires, sur la présentation de l'abbé Feutrier, évêque de Beauvais et ministre des affaires ecclésiastiques, ouvrirent un vaste champ à la polémique religieuse et à l'ardeur du zèle ultramontain. L'archevêque prit feu, entraîna le clergé, publia des mandemens, dit le oui et le non, menaça l'évêque ministre de l'excommunier, joua le rôle de Thomas de Cantorbéry dans l'affaire des articles de Clarendon, se rétracta comme lui, fit sa paix, écrivit contre l'abbé de La Mennais qui le traîna dans la boue, se réconcilia avec lui, et n'en continua pas moins d'attiser dans les diocèses étrangers l'incendie qu'il avait allumé dans le sien. L'abbé Feutrier lutta vainement contre l'orage. Son propre clergé, ne voyant plus dans son évêque qu'un gallican sous le joug de l'excommunication, se crut encore généreux envers lui, en faisant des prières publiques pour sa conversion. Ce jeune ministre, frappé par la disgrâce, aurait trouvé dans la force de son tempérament et dans l'énergie de son caractère de quoi soutenir le poids des contradictions qu'il essuyait. On a dit qu'il est mort empoisonné.

La question théologique fut bientôt oubliée, grâce à la philosophie du siècle.

Pour se concilier à-la-fois et la faveur des gens du monde et quelque crédit à la cour, M. de Quélen affecta de se présenter chez Talma, qui ne voulut point le recevoir, et de signaler sa dévotion par des actes publics. De ce genre fut sa fameuse procession en l'honneur de saint Vincent-de-Paule. L'archevêque traversa la capitale avec la pompe d'un triomphateur. La fête avait l'air d'être pour lui plutôt que pour l'humble serviteur de Dieu et des pauvres. Personne n'y fut trompé ; on fit d'injurieux rapprochemens ; on se rappela que la fête de l'Être-Suprême avait été le signal de la chute de l'insolent dictateur qui l'avait ordonnée. Le pressentiment ne tarda pas à être justifié.

M. de Quélen avait soin de publier par la voie de ses journaux, entre autres de l'*Ami du Roi et de la Religion*, qu'il n'était point en faveur dans l'ancienne cour; qu'il était resté dans tous les temps étranger à la politique, renfermé exclusivement dans les fonctions de son ministère (n°. 1782, page 598); et, bien que l'on ne fût pas dupe de ses protestations de désintéressement, on s'embarrassait peu de ses intrigues connues tant au château des Tuileries qu'au Palais-Royal. Mais le jour où Charles X se rendit à Notre-Dame pour rendre grâces à Dieu du succès de l'expédition d'Alger, le conspirateur oublia son rôle, et laissa échapper le vœu que la victoire remportée sur les ennemis du dehors fût couronnée par le triomphe sur les ennemis du dedans. Il n'était pas possible de signaler par des paroles plus expresses la part qu'il prenait aux événemens dont l'intérieur du pays était travaillé à cette époque. Une fermentation générale mettait tous les partis en présence, et menaçait d'une explosion prochaine. A quinze jours de là, Charles X rendait ses ordonnances, et le despotisme préparait ses mesures contre ceux qui lui avaient été dénoncés comme étant les *ennemis du dedans*. Le discours de l'archevêque était donc le premier tocsin qui eût retenti contre les libertés publiques, le manifeste du coup-d'état projeté contre leurs défenseurs, la complicité la plus patente avec les criminelles espérances du ministère Polignac. Le combat fut livré ; on sait quel en fut le succès. L'imprudent prélat paya cher l'indiscrétion de sa harangue. Fier au moment de l'attaque, tant qu'il avait compté sur les canons du Louvre, il eut du moins la sagesse de faire retraite quand il vit la bataille perdue pour les siens ; et put se consoler de la ruine de son archevêché par le plaisir d'entendre son *clergé fidèle* répéter dans les chaires, dans les confessionnaux, dans les salons et les journaux stipendiaires, que l'insurrection de juillet était un *crime politique*, la victoire de la liberté un contre-sens de la Providence, la déchéance de Charles X et de la congrégation un attentat sacrilége, qui allait être châtié dans trois mois par les foudres du ciel et la nouvelle coalition de l'Europe entière.

Toutefois, découragé par l'ajournement de ses pronostics, M. de Quélen se détermina à prêter serment à Louis-Philippe. Mais, pour se mettre à couvert, en cas d'événemens, il imagina, à la façon d'Escobar, une distinction : c'était de le prêter comme évêque, non comme pair. Ce ne fut pas sans en avoir demandé la permission à Rome, qui la lui accorda. Sur cet acte extérieur de soumission, l'artificieux prélat se flattait de rentrer en grâce au Palais-Royal. Il avait eu long-temps auparavant la précaution de s'y ménager des intelligences, en introduisant auprès de la Reine l'abbé Gallard, chargé de la direction de sa conscience ; tactique employée si habilement par les jésuites. Ce prêtre, sans esprit, sans instruction, dissimulant sous un air de piété la frivolité de ses mœurs et sa profonde ignorance, avait réussi auprès de l'ancienne cour à se faire nommer évêque de Meaux. Il fallait un pareil successeur pour avilir le nom de Bossuet. Ce n'était pas là le seul appui que M. de Quélen avait su se procurer dans la maison d'Orléans ; il fondait bien plus d'espérance sur un autre ecclésiastique en effet plus dévoué à son patron, plus digne de son choix par sa tortueuse souplesse, par ses tartuferies et le besoin qu'il avait de s'avancer, n'importe par quels moyens. On commença à en faire l'un des aumôniers de la duchesse d'Angoulême, et bientôt à lui obtenir un emploi dans l'instruction religieuse des jeunes princes d'Orléans. Admis à la connaissance des habitudes des deux cours, il les servait également par son espionnage auprès de l'une et de l'autre. Au moment où éclata la révolution de juillet, cet abbé qui se nomme Dup.... ne put contenir la violence de ses emportemens contre le prince appelé à remplacer Charles X : « C'était, disait-il, l'œuvre de la révolte et de l'usurpation. » De ce jour, il a établi avec les réfugiés d'Holy-Rood une correspondance qu'il entretient fidèlement; et dont le secret, révélé au public par les journaux, a éveillé sur lui les regards de la police. Pour le soustraire à sa poursuite, M. de Quélen, sans lui faire changer de rôle, l'a envoyé à Rome. Il y est depuis trois mois, attisant les haines, muni d'instructions confidentielles, chargé de rapports mensongers, résidant chez le cardinal de Rohan, correspondant avec les ennemis déclarés de la France, et sollicitant pour l'*évêque-martyr* le chapeau de cardinal.

La religieuse sensibilité de la Reine s'était émue en faveur de l'archevêque de Paris ; elle consentit, dans les premiers jours de janvier, à recevoir le prélat disgracié, à plaider sa cause auprès de son auguste époux, qui lui-même ne demande qu'à pardonner. Le public, plus sévère, a mieux jugé le repentir de l'archevêque, et s'est rappelé avec effroi le mot prononcé par M. de Lally-Tolendal peu avant la chute de Charles X : *Ce sont les confesseurs du roi Jacques qui l'ont renversé du trône.*

Il est notoire que tous les efforts de l'archevêque et de ses affidés tendent à ce but : c'est pour y concourir qu'il a nommé aux cures et autres emplois ecclésiastiques les personnes le plus hautement déclarées contre le gouvernement actuel, qu'il entretient les rapports les plus actifs avec tous les conspirateurs, qu'il laisse faire dans les communautés religieuses des prières et des neuvaines en faveur de la dynastie déchue ; qu'il fomente par ses implacables circulaires l'exaspération des esprits et les résistances opiniâtres d'un sacerdoce instrument docile des préventions de l'autorité épiscopale.

Pouvait-il être étranger à la cérémonie funèbre qui, plusieurs jours auparavant, se préparait à Saint-Germain-l'Auxerrois pour l'anniversaire du duc de Berri ? L'ignorait-il, quand tout Paris en était informé, quand les journaux rédigés par son esprit, souvent par sa plume, l'avaient annoncé officiellement; quand , de l'aveu de l'un d'entre eux, *personne n'en faisait mystère*, et que, la veille , d'insolens toasts venaient d'être portés en sa présence à la table du Nonce pour le glorieux succès du lendemain? On savait dans tout Paris que le vénérable curé de Saint-Roch avait refusé son ministère et son église. Celui de Saint-Germain, averti de son refus , avait dû recourir à l'autorité ecclésiastique : il l'a fait. L'archevêque s'y est-il opposé? Non ; il en était donc le complice. Il ne l'a point empêché ; il en prenait donc toute la responsabilité ? La vengeance a été terrible ; à qui s'en prendre?

Sans doute le bruit du marteau dévastateur des dernières ruines de l'archevêché retentissait encore à son oreille, quand il publia son laconique mandement pour la fête du Roi. Certes, le pardon des injures ne s'y montre pas la vertu favorite du prélat, lorsqu'il y rappelle avec une affectation marquée la ruine prochaine de Ninive, en punition des crimes de son roi et de sa nation.

Pourtant encore y gardait-il quelques ménagemens. Ce fut bien pis dans l'affaire des obsèques de l'évêque constitutionnel Grégoire. Celui-ci ne demandait qu'à mourir paisible au sein de l'église catholique ; il protestait de la plus entière soumission à l'autorité du siége romain. Il avait appelé le curé de sa paroisse pour l'assister à ses derniers momens ; il ne cessait d'invoquer à grands cris la présence de l'archevêque. Un vrai pasteur, un ministre de la charité chrétienne serait accouru : il aurait vu dans la démarche du moribond le désaveu de ses anciennes erreurs, l'accent du repentir, le retour à l'union catholique. L'archevêque fut sourd et n'a répondu que par des anathèmes. Le gouvernement s'alarmait sur les suites inévitables du refus de sacrement et de sépulture chrétienne. Il suppliait M. de Quélen de n'être pas plus impitoyable que ses prédécesseurs, ni plus sévère que ne l'avait été le souverain pontife Pie VII dans la cause des constitutionnels. L'ordre public était compromis : la capitale allait devenir le théâtre d'attentats sacriléges : les désolantes scènes du 14 février précédent menaçaient de se reproduire avec de nouveaux excès. Un prêtre français, un évêque citoyen, le successeur des de Belloy, des Hennuyer, des Belzunce, pouvait-il soutenir de sang-froid l'aspect d'une aussi affligeante perspective? M. de Quélen est resté inflexible. Comment aimer une religion qui ne met point sa première loi dans l'humanité? La sagesse du gouvernement a su triompher des complots du fanatisme et des espérances de l'anarchie ; mais est-ce assez pour lui et pour nous de réprimer les efforts de la sédition, quand il a le droit et le devoir de les châtier et d'en prévenir le retour ?

Les apôtres d'autrefois offraient de leur propre mouvement la démission de leurs siéges, pour peu que l'intérêt de la paix et de la tranquillité publique parût l'exiger. Ils s'immolaient eux-mêmes pour le salut du peuple, évêques pour vous, et non pour nous, disait saint Augustin. Vivement sollicité de quitter un siége où il lui est devenu impossible de faire aucune sorte de bien, M. de Quélen a refusé obstinément. Il préfère que le repos public, que l'église de France, que la religion tout entière, soient immolés, plutôt que son ressentiment.

Il vient encore de le manifester dans sa circulaire à ses curés (du mois de septembre dernier), à l'occasion du projet de convertir dans une promenade publique l'emplacement occupé par les décombres de la maison épiscopale, à la charge de pourvoir l'archevêque d'une autre habitation. On l'a déjà choisie, c'est l'hôtel de l'administration de la grande aumônerie, où le cardinal prince de Croï ne se trouvait pas trop à l'étroit. A la vérité, le fastueux archevêque était plus au large dans les magnifiques allées de ses jardins de Conflans, comme dans ses riches appartemens et dans ses boudoirs voluptueux du palais de la cité. Il lui faut un hôtel *commode*, une maison de campagne au sein de la ville, la proximité de son église cathédrale, et des chars somptueux pour y traîner Sa Grandeur. Il fait beau entendre ce disciple d'un Dieu qui n'avait pas une pierre où reposer sa tête, déclarer qu'il s'est voué par un serment solennel non seulement à la défense de la foi, mais à la conservation de son temporel. Comme si la foi qu'il prêche ne lui avait pas appris que le royaume de son maître n'est pas de ce monde;

comme si la vénérable antiquité ne se soulevait pas tout entière pour lui répondre « que les saints » avaient renoncé à tout intérêt temporel en se fai- » sant chrétiens ; que les pieux et savans évê- » ques de ces temps-là se réduisaient à une » extrême pauvreté pour gagner par le travail le » peu qu'il leur fallait pour vivre, et en avaient » même de reste pour faire l'aumône (1). » Successeur, si vous l'êtes, des Ambroise et des Germain, vous osez, après de pareils exemples, nous parler encore de votre *modique* revenu ! Quoi ! cinquante mille livres de traitement n'ac- quittent pas assez ce que l'honneur national a cru devoir au premier pasteur de la capitale, et ne suffisent pas *pour consoler dans son affliction l'é- véque-martyr* (2) ? Que si l'autorité juge nécessaire la démolition des vieux bâtimens de l'Archevêché, notre jeune parvenu se refusera opiniâtrement à tout échange ! Il saura bien en relever les ruines en dépit des ordonnances et des magistrats, non pas de sa propre bourse, mais *au moyen de la pieuse libéralité des fidèles ! Il donnera à tout l'épiscopat français l'exemple d'une courageuse résistance* à ce qu'il appelle des décrets spoliateurs ! Ne dou-

----

(1) L'abbé Fleury, 2ᵉ. *Disc. sur l'Hist. ecclés.*, nᵒˢ. 3 et 4.

(2) Expressions favorites des journaux *l'Avenir, la Quo- tidienne, l'Ami de la religion.*

tant pas qu'il ne trouve grand nombre d'imitateurs, le voilà lui et ses échos qui déjà ont chanté l'hymne de la victoire, le réveil de la liberté et le triomphe de l'Église par son absolue indépendance du gouvernement !

On se demande si le fanatisme de la Ligue s'est emporté jamais à pareils excès.

Allez, Monseigneur, votre circulaire à la main, allez dans cette Vendée qui vous est connue ; dérobez-vous à la prudente retraite où l'on sait bien que vous vous tenez caché, pour vous montrer enfin à la tête de ces hordes errantes qui ne demandent qu'un chef. Ce rôle peut-être vous conviendra mieux que celui de ministre de paix et de la charité évangélique.

Eh ! quelles sont donc les armes nouvelles que cet étrange héritier des apôtres se promet à l'appui de sa croisade ? Ce sont tous les fléaux du ciel qu'il appelle au secours de sa cause ; c'est le plus terrible de tous, la peste, puisqu'il faut l'appeler par son nom ; c'est elle qu'invoquent ses prophétiques vengeances. Le ciel doit cette expiation à l'honneur de l'évêque outragé, *chassé d'une demeure ennoblie par tant de vertus ;* il doit ce châtiment à la profanation des autels, aux outrages dont la religion gémit depuis si long-temps, à la dévastation d'une église dont on avait tenté vainement de faire le quartier-général de la révolte, à la sépulture sacrilége donnée aux victimes de juillet dans le sanctuaire de l'antique patronne de Paris, à l'enlèvement des croix qui pourtant décorent toujours *le front de nos basiliques*. Il voit l'ange exterminateur appesantir sur nous son glaive ; il voit *l'inondation de ce fleuve de mort* dont les gardes les plus vigilantes et les plus sévères précautions ne sauraient arrêter le cours ; le choléra-morbus arriver enfin à la suite, s'avançant à pas de géant contre notre patrie, et la dévorer comme une proie abandonnée par la colère divine à ses fureurs. M. de Quélen en a calculé tous les ravages ; son âme compatissante semble se complaire dans la longue énumération des malheurs réservés à l'avenir ; il sourit à l'aspect de ce lugubre holocauste. Au lieu de s'interposer soi-même comme victime entre le ciel et la terre pour conjurer les vengeances de la justice divine, c'est le pontife qui les provoque, et accuse la lenteur de la Providence dans la punition des coupables.

M. de Quélen ne s'est point dissimulé quelle indignation un tel langage allait exciter contre lui ; mais il la brave, il la défie ; c'est la *palme du martyre* qu'il ambitionne. Il a l'air de courir au-devant, parce qu'il sait bien qu'elle ne lui arrivera pas. Nous savons aussi, nous, que ce qui fait les martyrs, c'est la cause, non la mort. N'importe, il n'a pas à la redouter de la part d'un gouvernement qui couvre de la protection des lois et de la force publique jusqu'à ses ennemis les plus acharnés. Permis à lui de se jouer même de l'indifférence qu'il inspire. Qu'il se fasse proclamer évêque-martyr par les complaisans journalistes qui lui prêtent leurs feuilles ou leur plume, qu'il soit invoqué comme tel dans les maisons religieuses des rues Barbette et du faubourg Saint-Jacques; que de là on colporte en tous lieux ses images décorées de la mystique auréole, environnées de légendes et d'inscriptions qui lui promettent les mêmes autels qu'à saint Thomas de Cantorbéry; Jacques Clément et Malagrida obtinrent les mêmes honneurs : la liberté des cultes est assurée à tout le monde. Mais qu'une semblable frénésie devienne attentatoire à l'ordre public, que l'audace s'unisse à l'hypocrisie pour forger des complots et rêver de criminelles espérances, que par des écrits incendiaires la révolte excite à la guerre civile, il y a là plus que du délire; et le fanatisme de l'opinion devient un attentat politique qu'il n'est plus permis au gouvernement de laisser impuni.

Dans la dernière ordination faite par M. l'archevêque le samedi-saint, 1er. avril de cette année, il dit à ses ordinans : « Souvenez-vous bien que ce jour » où vous vous êtes enrôlés dans la milice sainte est le » lendemain d'un jour où notre Rédempteur a été » captif dans le tombeau et la veille de celui où il est » ressuscité. » Ce mot n'avait pas besoin de commentaire. Tous ceux qui l'entendirent comprirent bien que le terme de la captivité dont il était ici question n'était rien moins que le retour de Henri V. Jugez de l'impression de pareilles harangues sur de jeunes cœurs non moins impatiens de la glorieuse résurrection.

Le gouvernement attend-il que ces vœux s'accomplissent, que la contre-révolution se trame et s'exécute, que Charles X revienne avec ses ordonnances, avec son ministère Polignac et la congrégation? Du fond de sa retraite, l'archevêque insulte à sa faiblesse, s'arme contre lui de son indiscrète tolérance et de son propre argent, accuse ses contradictions, le somme d'articuler ses griefs, exige des réparations, commande et se fait craindre et obéir ; il poursuit ses intrigues, il a ses émissaires et ses espions stipendiés par les cinquante mille francs que lui donne la munificence nationale, correspond avec Rome, en dicte les décisions, sert Holy-Rood et la Vendée, règne au Palais-Royal, aux Tuileries, dirige les consciences et se vante effrontément de s'y voir bientôt ramené en triomphe. N'attendez pas qu'il cède à vos terreurs ; que, comme le prophète, il offre de soi-même à être jeté dans la mer pour apaiser la tempête ; qu'avec les saints évêques des temps passés, il répète : « Si nous sommes des » serviteurs bons et fidèles, nous ferons tous les sa-» crifices à la paix, et nous tirerons plus de profit » de l'épiscopat en l'abdiquant. » Cet héroïsme de la charité chrétienne était bon pour les Jonas et les Augustins d'autrefois. Non ; il l'a prononcé par la plume de ses Séides : « Nous osons croire que sa pa-

» tience lassera ses persécuteurs plutôt qu'ils ne par-
» viendront à le lasser et à le vaincre (1). »

A qui donc restera le champ de bataille ? Sera-ce
au prêtre factieux ou au gouvernement ? Sera-ce à
l'orgueil du fanatisme exalté par la vengeance , ou
à l'honneur national aux prises avec un système
d'hostilité qui dure depuis un an entier ?

Après la révolte déclarée de Thomas Becquet, archevêque de Cantorbéry, contre son prince le roi Henri II, les évêques d'Angleterre écrivirent à ce prélat :
« Vos superbes conseillers vous ont engagé témérai-
» rement dans une querelle contre la puissance du
» roi notre seigneur et contre tout ce qui est à lui.
» Elle est redoutable cette puissance à qui ne veut
» point satisfaire. Défiez-vous des conseils de la pas-
» sion; elle aveugle, elle ouvre des précipices (2). » Et

---

(1) M. Picod. Journal *l'Ami de la religion*, du 22 mars ,
n°. 1765.

(2) *Hist. du démélé de Henri II avec Thomas Becquet,
archevêque de Cantorbéry.*

Ceux de France lui écrivirent dans les mêmes termes :
« Si l'archevêque de Cantorbéry connaissait la paix, ou s'il
» l'aimait , il s'y prêterait plus qu'il ne le fait ; il assurerait
» la paix universelle de l'Église et sa propre tranquillité ,
» en se conduisant avec douceur et prudence , au lieu de
» mettre tout en combustion par ses menaces et par l'u-
» sage rigoureux qu'il veut faire de toute sa puissance. Au
» reste, ce n'est point une chose nouvelle ni surprenante

ils l'excitaient à donner sa démission dans son intérêt propre comme dans celui de l'Église : c'était, disaient-ils, l'unique moyen de faire cesser les troubles et de prévenir de nouveaux malheurs. Thomas, qui se savait être soutenu par le pape Alexandre III, repoussa obstinément toute proposition de paix. Son inflexible résistance dans une cause depuis long-temps jugée contre lui, lui attira la mort violente dont il fut victime. Dans d'autres temps, on n'aurait vu dans Thomas qu'un rebelle digne du châtiment ; mais ce n'était pas à des assassins à l'en punir. Une conduite plus sage eût prévenu le tragique dénouement. On en a fait un saint ; on l'honore comme martyr, et son tombeau, nous dit-on, a été illustré par des miracles. Malgré le peu de lumières du siècle, il s'est trouvé des contemporains qui en ont porté un jugement plus sévère, jusqu'à refuser leur approbation à la part qu'y prit le pape. « Je crois, disait l'un d'eux, que saint » Grégoire-le-Grand aurait agi avec plus de modé-» ration, et qu'eu égard au temps et pour le bien

---

» que l'homme trompe ou soit trompé ; mais l'Ange du » grand conseil nous a prémunis contre l'un et l'autre » danger, en nous recommandant d'être prudens comme » les serpens et simples comme les colombes. » (*Epist. episc. Ebroic. inter epist. Thomæ Cantuar.*; epist., lib. v, epist. 73.

» de la paix, il aurait dissimulé des choses qui pou-
» vaient se tolérer sans aucun préjudice pour la
» foi (1). » Mais la Cour de Rome y gagnait trop
pour n'en pas profiter. Alexandre III, poursuivant
avec chaleur la domination universelle que lui avait
léguée Grégoire VII, ordonna par trois bulles con-
sécutives qu'on célébrât sa mémoire par une fête
solennelle. Il l'y reconnaît comme martyr; était-ce
de ses préventions ou de la cause de Dieu? Nous ai-
mons trop notre patrie et M. de Quélen lui-même
pour lui souhaiter un semblable honneur. Thomas
Becquet et ses imitateurs pouvaient aspirer à être
saints à moindre prix. Jésus-Christ n'a point promis
la béatitude éternelle à ceux qui troublent les états.
La voie de la démission est légale pour quiconque ne
veut pas servir le gouvernement auquel il est atta-
ché. Les derniers concordats de 1802 et de 1817
l'ont bien prouvé. Pourquoi la charité n'irait-elle
pas au-devant des sentences de l'autorité? « Le pas-
» teur qui a perdu la confiance de son troupeau, et
» qui est pour lui une occasion de trouble, a dit saint
» Jérôme, ne doit s'en prendre qu'à lui-même; c'est
» sa faute: et il doit s'en punir en s'éloignant (2). »

---

(1) Guill. Neubr., *De rebus angl.*, lib. ii, cap. 25.

(2) *Vexatio gregis et ovium atque turbarum, pastorum culpa et vitium magistrorum est.* Comment. in Matth., t. IV, p. 34.

Que s'il s'y refuse , la société a droit de l'exiger.
Tout gouvernement a pour but le bien de celui qui
est gouverné, et non pas de celui qui gouverne.
Notre histoire nous en offre d'incontestables témoignages. Si le peuple refusait de recevoir un évêque
après qu'il était ordonné , on ne le contraignait
pas , et on lui en donnait un autre qui lui fût agréa-
ble. Telle était la discipline qui régissait l'Église des
temps où c'était le peuple uni au clergé qui faisait
les élections ; à plus forte raison lorsque le droit en
a été dévolu à l'autorité royale. L'axiome *illius est
destituere cujus fuit instituere*, est certainement
applicable dans cette circonstance , malgré les so-
phismes et les usages contraires. S'il n'est pas permis d'imposer tel évêque au peuple qui le repousse ,
peut-il l'être davantage de le forcer à garder celui
dont il ne veut plus? Saint Eusèbe de Samozate, per-
sécuté par Constance, céda à l'orage et refusa persévé-
remment de se rendre aux vœux du peuple qui récla-
mait son évêque. Il savait, celui-là , rendre à César
ce qui appartient à César. Écoutons un des histo-
riens de l'Eglise , l'évêque Godeau : « Les besoins
» de l'Église, le devoir et le besoin de la paix , tels
» étaient les motifs qui dirigeaient les grands évêques
» dont les noms sont si chers à la religion ; ils enga-
» gèrent saint Chrysostôme, injustement et illégale-
» ment déposé, à recommander à son troupeau de re-
» connaître pour évêque celui qui serait élu à sa
» place sans brigue et du consentement de tous. »

« Dans les premiers siècles de notre monarchie,
» dit l'abbé Dubos, les évêques se liaient à toutes
» les révolutions et en suivaient les chances. En
» 500, plusieurs des évêques qui avaient conspiré
» contre Gondebaut furent, après son rétablisse-
» ment, obligés de s'exiler de ses états, parce qu'ils
» s'étaient déclarés avec trop de chaleur pour les
» Francs, et qu'ils avaient commis contre leur sou-
» verain de ces attentats dont les coupables sont
» toujours exceptés des amnisties générales que les
» princes accordent à la fin des guerres (1). » Rien
alors de plus commun que les dépositions d'évêques.
On lit dans la *Bibliothèque canonique* de Blondeau :
« Comme nos rois ont de leur puissance et autorité
» pris le soin et la charge principale des églises du
» royaume, donné ordre à ce que tout s'y fît par
» une honnête police, convoqué les synodes pro-
» vinciaux, nommé et présenté les évêques et ar-
» chevêques aux évêchés et archevêchés vacans,
» aussi les ont-ils déposés et destitués, quand ils
» ont reconnu qu'ils étaient d'une fâcheuse et per-
» nicieuse conservation. Pour la destitution des
» évêques, nous en avons des témoignages sans
» nombre (2). »
Le savant canoniste allègue entre autres ceux de

---

(1) *Hist. de la Monarchie franç.*, t. III, p. 252.
(2) Tom. Ier., pag. 417.

Saphoracus, déposé de son évêché, confiné dans un monastère, et un autre subrogé en sa place par le commandement de Sa Majesté; de Rothald de Soissons, de Hinckmar de Laon, lequel demeura toujours privé et interdit de son évêché, nonobstant l'appel par lui interjeté au pape.

On objectera que ces actes tiraient leur effet de l'autorité des conciles et synodes provinciaux; donc, qu'il faudrait ici l'intervention de l'autorité ecclésiastique. Mais qu'étaient-ce que ces conciles et synodes? Des assemblées moitié civiles, moitié ecclésiastiques, dans ce sens que la discipline ou police religieuse en faisait le principal objet, toutes les affaires concernant l'État s'y traitant indifféremment; d'où vient qu'elles étaient en même temps et parlemens et conciles nationaux (1). Les évêques y siégeaient, non pas seuls, mais avec les comtes et les barons du royaume, mais comme seigneurs temporels, comme les autres féaux réunis en cours plénières, toujours sous la présidence du monarque, qui statuait, ordonnait souverainement, souvent même indépendamment des évêques et des grands, et de sa seule autorité promulguait ses Capitulaires, seul leur donnait force de loi. Ce sont toutes expressions avouées par les conciles de Paris, de Quercy, de Savonières, sous les rois Charlemagne, Louis-le-Débonnaire, Charles-le-

---

(1) Fleury, *Disc.* VII, n°. 5; et *Disc.* IIX, n°. 9.

Chauve. Le synode n'y était que chambre ecclésiastique. Baluze l'a établi sans réplique dans ses
Capitulaires. «Le droit de porter des lois ecclésias-
» tiques, l'apanage des premiers souverains chré-
» tiens, était, dit-il, si peu l'effet de la complaisance
» ou de la faveur des évêques, que leur conseil avait
» coutume d'examiner les décrets émanés des évê-
» ques, et qu'ils n'avaient, sous Charlemagne, de
» valeur qu'autant qu'il les confirmait (1). »

L'histoire dépose que nos rois des deux premières
races ont souvent établi et déposé des évêques, de
leur propre autorité (2). Ils le faisaient au même
titre que les premiers empereurs chrétiens dont
l'histoire atteste invinciblement qu'ils l'exerçaient
de leur pleine autorité, sans nulle concession de la
puissance spirituelle. Les évêques de Rome, soumis

---

(1) Baluze, *Hist. des Capitul. de nos rois*, n°. 10, pag.
37 (1 vol. in-12, 1755). Marca, *de Concord. Sacerd. et
Imp.*, lib. VI, cap. 28. — Gibert, *Justification des libertés
de l'Égl. gallic.* — Dans le Recueil de Durand de Maillanne, t. V, p. 415.

(2) « Il faut ignorer absolument l'histoire de l'Église,
» pour s'imaginer qu'en aucun temps ni en aucun pays on
» n'ait pu jamais juger un évêque sans l'envoyer à Rome,
» ou faire venir une commission du pape. » (Fleury, IVᵉ.
Disc. sur l'Hist. ecclés., n°. 3.)

M. de Thou, cité par Durand de Maillanne, t. IV,
pag. 787.

eux-mêmes à leur autorité, n'intervenaient point dans ces sortes d'affaires; ce n'étaient point eux qui nommaient les commissaires póur ces sortes de procès. Depuis l'introduction du nouveau droit, la démission des évêques est dévolue au pape; ce qui a été confirmé en France par les arrêts du Conseil-d'État, du 9 avril 1647, et du 29 avril 1657 (1).

Le cardinal de Retz avait donné à la France plus d'un scandale; à des témoignages publics de dévotion il mêlait habilement les raffinemens de l'hypocrisie et de la débauche. On sait quelle part il prit dans les troubles de la Fronde, où il affectait, de son aveu, de jouer le rôle d'un Fairfax et d'un Cromwel. Enfermé au donjon de Vincennes, on le pressa de donner sa démission; il s'y était engagé, et, à cette condition, il avait obtenu son élargissement. Il alla à Rome et recommença ses intrigues. Menacé d'être poursuivi comme rebelle, il finit par s'exécuter, et donna sa démission en 1662. Elle fut ratifiée par le pape Alexan-

---

(1) Selon le Concile de Trente, les causes majeures où il échoit déposition, ne peuvent être instruites que par des commissaires nommés par le pape, ni jugées que par lui-même. Le clergé de France a toujours protesté contre ce décret; et l'assemblée de 1650 fit signifier au Nonce une protestation contre le bref donné par Urbain VIII en 1632, pour faire le procès à l'évêque de Léon.

dre VII. En 1654 le parlement de Paris avait accepté une commission du grand sceau pour faire le procès à ce cardinal.

René de Rieux, évêque de Léon, accusé du crime de lèse-majesté, sous la régence de Marie de Médicis, fut déposé de son siége en 1635 par sentence canonique, et l'on procéda à la nomination de son successeur.

Génébrard, archevêque d'Aix, ardent ligueur, depuis l'avènement de Henri IV au trône, publia un écrit dont le but était d'enlever au roi la nomination aux évêchés, d'anéantir le concordat passé entre Léon X et François Ier., de séparer l'Église d'avec l'État, sous le prétexte de l'affranchir de l'oppression où l'avait tenue la puissance séculière, de ramener les anciennes élections populaires. L'ouvrage fut jugé séditieux, poursuivi comme tel, flétri par arrêt du parlement d'Aix, condamné à être lacéré et brûlé par la main du bourreau; défense à l'auteur d'exercer aucune fonction en France, et d'y paraître, sous peine de mort. L'arrêt se lit au Ier. volume du *Recueil des libertés gallicanes*, de Pythou, et dans celui de Durand de Maillanne.

De nos jours, M. le cardinal Fesch, archevêque de Lyon, reçut, de la cour de France, l'ordre de s'éloigner de son diocèse, et de résider à Rome, avec l'agrément du pape. On lui demanda sa démission qu'il consentit enfin à donner.

M. de Quélen n'a pas oublié comment Napoléon

en agissait avec les évêques qui portaient ombrage à sa domination. Ce coup-d'œil de l'aigle qu'il portait dans toutes les parties de son administration, ce génie profond qui d'ordinaire n'attendait pas la leçon de l'expérience pour connaître ce qu'il y avait à espérer ou à craindre du sacerdoce, lui avait fait découvrir aussitôt la place que le clergé devait occuper dans l'État. D'un côté, l'instinct religieux avec tout ce qu'il a d'énergique et de consolant pour les esprits et les cœurs de la multitude, et, par une conséquence immédiate, la nécessité d'un ministère qui en soit l'organe et le régulateur; l'éclat des cérémonies publiques si bien en harmonie avec les besoins et les intérêts de la société, la force des habitudes si violemment comprimées par la révolution, et sans cesse retombant par son propre poids dans leur centre naturel; l'action de la morale évangélique répandue par la prédication, par les services de la charité qui se fait toute à tous, par l'influence des bons exemples; le contrepoids des vertus pacifiques que donne la religion, opposé à l'exaltation des exigences guerrières et des opinions philosophiques; d'autre part, les souvenirs du passé, le secret levain jeté dans le sanctuaire par la constitution civile de 1791, et toujours fermentant au fond des consciences; l'esprit de domination entretenu depuis des siècles par tant de concessions et d'envahissemens; les séductions de la puissance dans quelques mains qu'elle se rencontre; les dangers de la richesse et de l'oisiveté: telles furent les considérations qui amenèrent le concordat de 1801, et en décrétèrent les articles organiques; ceux-ci n'en étaient que le corollaire, que les moyens d'exécution. Ils furent promulgués à-la-fois; et la solennelle acceptation qui en fut faite par les deux plus augustes représentans de la puissance civile et religieuse qu'il y eût alors dans le monde, en a fait une des lois fondamentales de l'empire français.

A cette condition, Napoléon traita avec le souverain pontife, ouvrit au clergé les portes de la patrie, le rappela dans les fonctions du saint ministère, rétablit et encouragea son enseignement, pourvut à sa propagation et à la pompe de son culte, avec la précaution de le tenir à une égale distance de la pauvreté et de l'opulence.

En même temps que le tout-puissant empereur se courbait sous les humbles mains du vicaire de Jésus-Christ, pour en recevoir l'onction sacrée; que, par une mesure inouie jusque-là dans les annales du monde chrétien, il élevait la chaire romaine par-dessus toutes les rivalités, mettant en quelque sorte à ses pieds les clefs de la mort et de la vie, commandant par son organe l'extinction de tous les siéges, et la volontaire renonciation de tous les titulaires, donnant, par le solennel témoignage d'une alliance si inespérée entre le sacerdoce et l'empire, l'exemple de la réconciliation religieuse où devaient s'éteindre toutes les haines et tous les souvenirs du passé, Napoléon avait soin d'assurer, contre la puissance même qu'il venait d'exalter, la barrière où elle devait s'arrêter ; il stipulait expressément en faveur de nos maximes gallicanes , il ordonnait la profession publique et l'enseignement , dans toutes nos écoles , de la déclaration de 1682 , qu'il mettait sous la sauvegarde du serment.

Aussi pendant tout son règne, l'antique palladium de nos libertés fut-il respecté inviolablement. Tous les partis se rallièrent unanimement à l'entour de cette arche de salut qu'avaient consacrée la politique et la religion ; le serment fut prêté et maintenu, la paix cimentée par la sagesse du héros et la reconnaissance des peuples ne fut troublée nulle part. « La nouvelle organisation des » cultes fut, à la lettre, pour l'Église, ce que » le 18 brumaire avait été pour l'État ; ce ne fut » le triomphe d'aucun parti, mais la réunion de » tous dans l'esprit de la République et de l'É-» glise (1). »

Après lui tout fut oublié.

Une jeunesse ardente, à peine échappée aux écoles du premier âge, d'où elle ne rapportait que les préjugés d'une éducation étroite et servile , imbue de

______

(1) *Circul. du ministre de la police générale aux préfets ,* 18 prairial an X (7 juin 1802).

passions étrangères, s'est précipitée dans le sanctuaire comme dans une arène ou comme dans une conjuration, confondant l'amour de Dieu avec la haine de tous ses ennemis : elle a cru, sur la foi de ses maîtres nouveaux, que la piété suffisait à tous les besoins du saint ministère; qu'elle lui commandait de repousser la science, de déserter nos écoles, de calomnier nos antiques traditions, de soulever les consciences contre toutes mesures tendantes à favoriser les progrès des lumières. Sous le protectorat de M. Frayssinous, la Congrégation, secouant sur toute la société la poussière où elle paraissait ensevelie, s'est ranimée plus entreprenante, plus artificieuse que jamais. Nous l'avons vue envahir tous les emplois, se faire craindre à la cour, dans les tribunaux, dans les armées, répandre en tous lieux ses essaims de missionnaires, déclamateurs plagiaires, outrant tous les principes, et faisant consister les triomphes de leur éloquence à exciter les orages populaires.

Une cour imprudente les accueillit; elle leur a prodigué ses faveurs et ses trésors; elle a été sourde aux murmures qui de toutes parts s'élevaient contre ces dangereux amis. Puisse du moins l'exemple qu'elle a donné n'être pas perdu pour la postérité !

Vaincus par les journées de juillet, ils n'ont pu pardonner à Dieu lui-même de leur avoir enlevé leur Charles X, et d'avoir mis à sa place celui qu'ils n'ont pas choisi. Un monarque fainéant, ne s'éveillant de sa léthargie habituelle que pour donner audience à ses confesseurs et signer des ordonnances de sang, voilà le maître qu'il leur fallait, et que leurs vœux réclament. Mais le Roi-citoyen qui servit fidèlement sa patrie et jamais ne combattit contre elle, qui se mêla au rang des braves, et que les braves à leur tour ont élevé sur le pavois ; mais le prince éclairé, philosophe, ami des arts et des lettres, qui veut la religion, non le fanatisme, un sacerdoce chrétien, non un clergé ambitieux et intolérant ; mais l'époux irréprochable dans ses mœurs, le père de famille qui donna pour condisciples à ses fils les enfans du pauvre ; mais un vrai Henri mûr pour la royauté, éprouvé, comme l'ancien Béarnais, par l'une et par l'autre fortune, voilà celui que la Congrégation et ses échos vouent encore aux anathèmes du ciel et de la terre ; celui dont nos prêtres ingrats nous disent chaque jour : *Nolumus hunc regnare super nos.* Ils insultent à sa clémence, se vengent de ses bienfaits mêmes par des hostilités ouvertes et des menées sourdes contre son gouvernement, contre ses ministres, contre tous ses fidèles sujets. Pas un moment de trève, pas un jour où leurs feuilles dégoûtantes de fiel et d'imposture ne viennent déposer sur l'autel des furies l'offrande de leurs complots liberticides et de leurs criminelles espérances. Un même intérêt a rapproché les partis les plus extrêmes. Carlistes et républicains, M. de Quélen et l'abbé de La Mennais, l'anarchie et la *légitimité*, tous se sont donné la main, et consentent à ajourner leur commune haine. Pourvu que Philippe tombe, peu leur importe de ne livrer à son successeur que le cadavre de la France mutilée.

Telle est la cause à laquelle un archevêque de Paris s'est engagé. Et les lois sont muettes ! Couvert du manteau de la religion, un autre cardinal de Retz ourdit au grand jour ses odieuses trames ; le sénat'en est témoin, et il le souffre ! Comme s'il était permis de risquer sans cesse, pour un seul homme, le salut public (1). Et nos législateurs qui ont juré de défendre le trône de Louis-Philippe avec sa personne sacrée, l'honneur national et les libertés publiques, voient de sang-froid la puissance ultramontaine s'étendre par degrés sur le sol de notre patrie, de la patrie des Bossuet et des d'Aguesseau ! Quoi ! vous destituez un préfet ; un ministre, sans être tenu de rendre compte de vos motifs : le prêtre pourra conspirer impunément ! un évêque aura le droit de violer ses sermens, ou de les envelopper de restrictions mensongères, d'attiser les feux de la Vendée et du Midi, et d'invoquer les foudres du ciel contre quiconque refuse de s'associer à la querelle de son orgueil et de ses vengeances !

Le cas a été prévu par notre jurisprudence. « De-

______

(1) *Non est sœpius in uno homine summa salus periclitanda reipublicæ.* Cic., orat. 1 in Catil., n°. v.

» puis l'établissement de la monarchie, dit d'Héri-
» court, les évêques accusés de crime de lèse-ma-
» jesté ont été jugés par les autres évêques dans le
» concile provincial. Cependant s'il arrive qu'un
» évêque cause du trouble dans l'État par ses ac-
» tions, par ses paroles ou par ses écrits, les par-
» lemens peuvent arrêter le trouble ou empêcher
» les suites par la saisie du temporel ou par d'au-
» tres voies, en attendant que le concile ait pro-
» noncé sur le fond. » (*Lois ecclés.*, chap. XIX,
n°. 28).

Mais si le temporel est déclaré insaisissable ! Mais
si l'épiscopat n'est qu'une coalition ! Et manquons-
nous d'exemples qui le laissent craindre, sans remonter aux révoltes des évêques du second concile
de Tolède, ou de ceux de France à Compiègne,
contre Louis-le-Débonnaire ?

Que pour le crime d'hérésie un évêque ne puisse
être jugé que par ses pairs, on le conçoit; mais que,
dans une cause toute politique, le chef de la société, le vengeur né des insultes faites à l'ordre public, armé du glaive que Dieu lui-même a déposé
dans ses mains pour la répression des méchans;
que les représentans d'une grande nation de tout
temps jalouse de ses libertés, n'aient d'action
contre un évêque factieux, que sous le bon plaisir
des évêques : de telles immunités sont de manifestes
usurpations, un attentat impie contre Dieu même;
car c'est lui qui a dit, par la bouche de son apôtre :

*Que toute âme soit soumise aux puissances tempo-
relles que le ciel a établies pour gouverner les
hommes.*

« Je sais, a dit le sage historien de l'Église, qu'il
est difficile de corriger et de déposer les mauvais
évêques, et c'est là la cause de l'impunité de leurs
crimes (1). » Je sais aussi qu'il l'est plus encore de
calmer ces cœurs irréconciliables ; et ce n'est pas en
leur faisant grâce qu'on les ramènera au sentiment
du devoir. Le traître Ebbon fut pardonné, et il
n'en fut, par la suite, que plus ardent contre son
maître. Henri IV pardonna, et la clémence du
bon roi ne fit que préparer de nouveaux attentats.
M. de Quélen, après les émeutes de février, sortit
du salon de la Reine, pour méditer son mandement du *choléra-morbus*.

---

(1) *Disc.* VII, n°. 5. Difficile ! et comment ? Un de nos
jurisconsultes a résolu la prétendue difficulté par ces paroles : « Je défie qu'on trouve quelque raison solide pour
» prouver qu'un prince ne peut pas, en première instance,
» connaître du crime d'un clerc régulier ou séculier, et
» que, pour le punir, il faille que la condamnation d'un
» tribunal ecclésiastique précède la sienne. » DU BOULLAY,
Hist. du Droit ecclés. franç., t. Ier. p. 54.

RÉSUMÉ.

Depuis plus d'un an , M. de Quélen s'est montré dans une opposition publique , permanente , avec le gouvernement. Complice de Charles X , instigateur secret de son lâche et féroce ministère , le premier il fit retentir le tocsin de la guerre civile. Ses provocations audacieuses excitèrent l'indignation générale. Elle a éclaté ; elle l'accable encore de tout son poids ; et l'évêque, traître aux lois de son pays , traître aux lois de l'Évangile , n'a trouvé son salut que dans la tolérance de l'autorité qu'il n'a pas un moment cessé de braver. Les résistances les plus pacifiques , opposées à ses manifestes de révolte , il ose les qualifier d'attentats à la liberté , quand il respire encore sous son égide, de violation impie des droits sacrés de la religion , quand c'est lui qui l'outrage par son fanatisme hypocrite. C'est là l'éternel refrain de ses mandemens abreuvés de fiel et de poison , de chacune de ces circulaires adressées à ses curés, où il exhale ses plaintes amères contre tous les genres de persécution qui l'ont choisi pour victime , et il n'a pas manqué de séides associés à sa querelle. A sa voix , on les a vus entourer d'imprécations le lit de mort de l'évêque Grégoire, repousser sans pitié les cris de l'humanité, de la patrie implorant quelques prières pour celui qui pardonnait à ses persécuteurs, et mettre dans les mains de la religion la torche des Euménides. A sa voix, ils ont répandu dans nos contrées les défiances et les haines, les perfides délations et les calomnies les plus déshonorantes. Pour venger l'enlèvement de quelques pierres arrachées au palais fastueux d'où les mains de *l'évêque-martyr* lancent les anathèmes et les malédictions, il ne faut rien moins qu'une guerre de religion, que le soulèvement des provinces contre la capitale, et de tous les peuples de l'Europe contre notre France, rien moins que des combats et les champs de carnage, que les poignards de la Ligue (1). Pour tout châtiment, le gouvernement a dit à **M.** de Quélen : « Vous refusez d'être citoyen ? l'on ne vous contraint pas. Seulement, renoncez à ce siége usurpé; quittez cette église sur laquelle vous avez appelé la ruine et la dévastation. Suivez l'exemple que donnèrent tant d'hommes vertueux, qui préféraient le salut public à leurs propres intérêts. Votre nom est un

***

(1) Les obsèques religieuses de M. De Bertier, évêque constitutionnel de Rhodès, ayant été célébrées dans l'église de Saint-Louis-en-l'Ile, par ordre du gouvernement, contre la défense de l'archevêque, le journal *l'Avenir* l'annonça dans ces termes : « Le gouvernement ne se lasse pas » de se montrer parjure et sacrilége. Catholiques, qu'attendez vous pour assurer votre liberté ? Dieu ne fait rien » pour ceux qui ne font qu'attendre. Les premiers chrétiens n'attendaient pas, ils combattaient. » (N°. 372, 23 oct. 1831.)

étendard de révolte, votre présence seule l'aliment de la prévention, de la discorde, d'une guerre intestine, sujet continuel d'alarme pour vos partisans eux-mêmes, d'inquiétude et de haine pour vos irréconciliables ennemis. Vous qui naguère aimiez tant à parcourir la longue chaîne des fléaux dont vous sembliez demander au ciel qu'il les déchaînât sur la patrie : si vous êtes prophète, imitez le prophète Jonas se jetant dans les flots mutinés pour apaiser la tempête. Fuyez, démettez-vous. Comme autrefois l'orateur romain à un trop fameux conspirateur, la patrie s'unit à la religion pour vous crier :

« Jusqu'à quand abuserez-vous de notre patience ?
» Quel attrait peut vous retenir encore sur ce sol voué
» par vous-même aux vengeances du ciel et de la
» terre ? Quelle est cette vie misérable que vous y
» traînez captif et dans l'angoisse ? Un homme qui
» sent le besoin de se tenir caché, est-il éloigné de
» mériter la prison et les fers ? Quel bien pouvez-
» vous faire ? que peut produire l'aversion qui pèse
» sur vous, si ce n'est des fruits de mort et pour
» vous et pour tout ce qui vous environne (1) ? »

C'est ainsi, Monsieur l'Archevêque, que vous parleraient la patrie et la religion ; et ne devriez-vous pas vous rendre à leurs volontés, fussent-elles hors d'état de vous y contraindre ?

---

(1) *Quousque tandem abutere, Catilina, patientia nos-*

Voilà désormais le procès jugé entre les accusa-teurs de M. de Quélen et ses apologistes. S'il est vrai que le Souverain Pontife l'ait admis au nombre des cardinaux, il a recueilli le fruit de ses intrigues et de ses manœuvres séditieuses. Le prêtre factieux, l'évêque conspirateur, le fanatique intolérant et persécuteur, a rempli son devoir. C'est lui qui a souffert persécution pour la justice. Rome, la France elle-même, se déclarent ses complices; et l'ennemi de Louis-Philippe peut désormais marcher son égal.

---

tra ?... Quid enim est quod te jam in hâc urbe delectare possit, in quâ nemo est, extra istam conjurationem pessimorum hominum, qui te non metuat, nemo qui te non oderit ?.. Nunc vero quœ tua est ista vita ?... Quam longe videtur à carcere atque à vinculis abesse debere qui se ipsum jam dignum custodiâ judicaverit ?... Quœ cum ita sint, dubitas abire in aliquas terras et vitam istam multis suppliciis justis debitisque ereptam fugœ solitudinique mandare ?.... Hœc si tecum, ut dixi, patria loquatur, nonne imperare debeat, etiam si vim adhibere non possit. (Catilin. I, n[ns]. I, VI, VIII.)

FIN.

www.ingramcontent.com/pod-product-compliance
Lightning Source LLC
Chambersburg PA
CBHW061227030726
47595CB00004B/1410